1 | Bahnhof

Das Wolfenbütteler Bahnhofsgebäude wurde um 1850 errichtet. Einige Jahre zuvor war hier Eisenbahngeschichte geschrieben worden: Am 1. Dezember 1838 fand, drei Jahre nach Einweihung der privaten Trasse zwischen Nürnberg und Fürth, die Eröffnung der ersten Deutschen Staatseisenbahn auf der Strecke von Braunschweig nach Wolfenbüttel statt. Um dem historischen Großereignis beizuwohnen, drängten sich entlang der rund zwölf Kilometer langen Strecke und auf dem Bahnhof tausende Schaulustige. Fortan verkehrten zwischen beiden Orten viermal täglich die offenen Reisewagen. In zeitgenössischen Berichten war die neue Erfindung häufig Thema; eine junge Frau schrieb: »Man ging zum Vergnügen nach dem kleinen Bahnhof..., wartete in Staub und Hitze, Qualm und Lärm auf die Ein- und Ausfahrt der Züge, die – unglaublich, aber wahr! – in fünfzehn Minuten von hier aus in Braunschweig ankamen.« In den folgenden Jahren trug die Eisenbahnlinie wesentlich zur Industrialisierung Wolfenbüttels bei, zudem wurde das Städtchen ein beliebtes Ausflugsziel der Braunschweiger.

Auch wenn heute nur noch Regionalzüge den Bahnhof anfahren, so hat das unter Denkmalschutz stehende

Heinrich der Jüngere
1489–1568, Herzog.
Als kaisertreuer Fürst und frommer Katholik kämpfte Heinrich gegen den protestantischen Schmalkaldischen Bund. Im Privaten schien er nicht so fromm: neben seiner Gattin, die ihm elf Kinder gebar, unterhielt er ein Verhältnis mit der Hofdame Eva von Trott. Um die Liebschaft nicht aufzugeben, ließ er Eva für tot erklären und inszenierte »ihre« Bestattung mit einer Puppe. Auf einer Burg traf er sich weiter mit ihr, aus der Beziehung gingen zehn Nachkommen hervor. Doch der Skandal flog auf, und Luther griff den Herzog 1541 mit seiner Schmähschrift »Wider Hans Worst« an.

Bauwerk einen erfreulichen Aufschwung genommen: 2006 eröffnete der »Kulturbahnhof« mit Veranstaltungs-, Gastronomie- und Büroräumen sowie als neues Domizil der Stadtbücherei. Über einen gläsernen Zwischengang ist der kubusartige rote Anbau zu erreichen, der als Bücherregal stilisiert ist.

2 | Seeliger-Park

Besichtigung Kasematten über Tourist-Information
Tel. 05331 8 62 80

Wenn man die am Bahnhofsvorplatz vorbeifließende Oker überquert hat, erreicht man linker Hand den Seeliger-Park. Auf einer Anhöhe thront die 1899 von dem Braunschweiger Architekten Constantin Uhde im englischen Stil erbaute Villa für den Bankier Louis Seeliger (1855–1923). Während der Park seit den 1970er Jahren öffentlich zugänglich ist, beherbergt die Villa Seeliger heute die Landesmusikakademie Niedersachsen mit mehreren Proberäumen, Konzertsalon und Notenbibliothek. Ein modern ausgestatteter Neubau der Akademie befindet sich im nordwestlichen Bereich des Parks.

Nachdem Wolfenbüttel unter dem katholischen Herzog Heinrich dem Jüngeren 1542–1547 von Truppen des Schmalkaldischen Bundes besetzt und zerstört worden war, ließ Herzog Julius, sein protestantisch gesinnter Sohn und Nachfolger, die Festung Wolfenbüttel wieder aufbauen. Im Zuge des Dreißigjährigen Krieges (1618–1648) wurden die Befestigungen abermals verstärkt, sodass Wolfenbüttel zu den am besten gesicherten Festungen in Norddeutschland zählte. Um 1800 begann man mit der Schleifung der Wehranlagen und legte stattdessen Promenaden, Parks, Friedhöfe oder großbürgerliche Wohnhäuser wie die Villa Seeliger an.

Portal der Seeliger-Villa

Unter dem Seeliger-Berg befindet sich bis heute eine der ehemals neun großen Bastionen, genannt »Lindenberg«. In den vergangenen Jahren wurden die Kasematten des Bollwerkes untersucht. Neben über 4000 Kanonenkugeln verschiedener Kaliber kam dabei die erstaunliche Erkenntnis »ans Licht«, dass sich das Kasemattensystem viel weiter erstreckte, als man anhand überlieferter Festungspläne angenommen hatte, und dass zwischen der unterirdischen Anlage und dem Fluss Oker eine Verbindung, sprich Hafenanlage, bestanden haben könnte.

3 | Schlossplatz Südseite

Tourist-Information Löwenstraße 1, Tel. 05331 8 62 80, www.lessingstadt-wolfenbuettel.de

Das weitläufige unbebaute Areal des heutigen Schlossplatzes lag ursprünglich innerhalb der zitadellenartig befestigten Burg Wolfenbüttel, der »Dammfeste«. Mitte des 17. Jahrhunderts wurde die dichte Bebauung niedergelegt, sodass nur noch Bauten für Hofbeamte den Platz säumten. Auf einem Stich von Matthäus Merian d. Ä. (1654) ist zu sehen, dass der Platz auch als Exerzierplatz für die herzoglichen Truppen diente.

Aus der Fachwerkzeile linker Hand hebt sich das Eckgebäude mit seinem massiv gemauerten Erdgeschoss und dem Renaissance-Portal von 1605 ab. Mitte des 16. Jahrhunderts erbaut, wurde das Haus zuerst von **Cort Mente** bewohnt. Später beherbergte das Gebäude den

Cort Mente
Um 1500–1574, Zeugmeister. Einer bekannten Gießerfamilie aus Braunschweig entstammend, ernannte man Mente in seiner Heimatstadt zum Büchsen- und Zeugmeister auf Lebenszeit. Als die protestantische Stadt Braunschweig mithilfe des Schmalkaldischen Bundes die benachbarte katholische Herzogsresidenz Wolfenbüttel angriff, kamen zahlreiche von ihm gegossene Geschütze zum Einsatz. Später der Konspiration mit dem Feind angeklagt, trat Mente 1556 in Wolfenbüttel als oberster Zeugmeister in herzogliche Dienste.

Südseite des Schlossplatzes

Stadtkommandanten, der als Hofbeamter für städtische Angelegenheiten zuständig war.

Im 2020 eröffneten Einkaufszentrum »Löwentor« am Übergang des Schlossplatzes in die Löwenstraße befindet sich die Tourist-Information. Bereits in den 1970er Jahren waren genau an dieser Stelle mehrere alte Gebäude für den Bau des Vorgängergebäudes, eines Hertie-Kaufhauses, abgerissen worden, was zu einer Protestwelle und der Gründung der Aktionsgemeinschaft Altstadt geführt hatte.

4 | Kleines Schloss

Nach den Abrissarbeiten am Schlossplatz wurde das sogenannte Kleine Schloss 1643 auf dem Gelände der Alten Kanzlei als Residenz für den Erbprinzen errichtet. Von der ursprünglichen Zweiflügelanlage hat sich nur ein Flügel, ein zweigeschossiger Fachwerkbau, erhalten. Nach dem Umzug des herzoglichen Hofes nach Braunschweig wurde das Kleine Schloss verkauft. Es wird seit 1791 privat bewohnt und ist nicht öffentlich zugänglich.

Erster Bewohner des Kleinen Schlosses war Erbprinz Rudolph August, bis er 1666 als Herzog in das benach-

Kleines Schloss

barte Schloss zog. Als sein Bruder Anton Ulrich, bis 1685 im Kleinen Schloss wohnend, Mitregent wurde, gründete er im frei gewordenen Gebäude eine **Ritterakademie**. Die größte Festlichkeit fand im Juni 1733 statt, als man die Doppelhochzeit der im Kleinen Schloss aufgewachsenen Kinder von Herzog Ferdinand Albrecht II. nachfeierte: Sein Sohn Karl hatte sich mit Philippine Charlotte, der Tochter des preußischen Königs Friedrich Wilhelm I., vermählt, während seine Tochter Elisabeth Christine den preußischen Kronprinzen Friedrich ehelichte, der 1740 als Friedrich der Große den preußischen Thron besteigen wird. Ein Wasserlauf der Oker trennt das Kleine Schloss vom Residenzschloss.

Ritterakademie
Wohl aus Unzufriedenheit über die Prinzenausbildung und beeinflusst durch Gottfried Wilhelm Leibniz, gründete Herzog Anton Ulrich 1687 die »Rudolph-Antoniana«. Junge Adlige sollten hier auf ihre Laufbahn im Heeres-, Hof- und Staatsdienst vorbereitet werden. Neben Sprache, Geschichte, Mathematik und Jurisprudenz nahmen die »Exercitien« Reiten, Fechten, Tanzen, Voltigieren und Jagen breiten Raum ein. 1712 wurde die Ritterakademie geschlossen. In den Matrikeln sind 338 Akademisten verzeichnet, darunter 20 deutsche Fürstensöhne, 37 adlige Engländer und ein französischer Baron.

5 | Residenzschloss

Schlossmuseum Di–So 10–17 Uhr

Das Wolfenbütteler Residenzschloss ist das weithin bekannte Wahrzeichen der Stadt. Das zweitgrößte Schloss Niedersachsens zählt zu den am besten erhalten gebliebenen Residenzen der Welfenherzöge. Aus dem Jahre 1118 datiert der erste schriftliche Beleg der Herren von

Wolfenbüttel, als in einer Urkunde der Zeuge Widekindus von Wulferesbutle genannt wird. Die Namensgebung der Stadt hängt entgegen landläufiger Meinung nicht mit einem Wolf zusammen: der erste Namensteil ist der Personenname des Siedlungsgründers, der vermutlich Wulferi hieß; die Endung »Büttel« – heute noch in rund 170 deutschen Ortsnamen enthalten – stammt aus dem Altniederdeutschen und bedeutet Siedlung oder Gehöft.

Eine erste Wasserburg aus dem 12. Jahrhundert wurde 1255 von den welfischen Herzögen erobert, zerstört und Ende des 13. Jahrhunderts neu gebaut. Aufgrund zunehmender Spannungen mit der Braunschweiger Stadtbevölkerung verließen die Herzöge ihre dortige Residenz und bezogen Mitte des 14. Jahrhunderts die von einer mächtigen Befestigungsanlage geschützte Burg Wolfenbüttel. Für die nächsten Jahrhunderte, bis zur Rückkehr des Hofes 1753 nach Braunschweig unter Herzog Karl I., blieb Wolfenbüttel die glanzvolle Residenz der Welfenherzöge.

Im Laufe dieser Zeit erfuhr das Schloss, das im Krieg gegen den Schmalkaldischen Bund schwer zerstört und im Dreißigjährigen Krieg beschädigt wurde, zahlreiche Um- und Neubauten, an denen bedeutende Baumeister wie Francesco Chiaramella oder Paul Francke (um

1537–1615) beteiligt waren. Von Letzterem stammt u. a. der 1614 vollendete Schlossturm im Stil der Renaissance, genannt Hausmannsturm. Das heutige Aussehen des Residenzschlosses geht auf den Baumeister Hermann Korb (1656–1735) zurück, der die alten Burggebäude 1708–1716 mit einer einheitlichen Außenfassade verblendete. Durch Pilaster und Gesimse gegliedert und teilweise mit aufgemalten Fenstern versehen, erweckt diese Fassade aus Fachwerk den Eindruck eines monumentalen Steingebäudes. Tatsächlich ist nur das prächtige Portal mit dem herzoglichen Wappen, datiert 1716, aus Stein. Das von dem Bildhauer Franz Finck stammende barocke Statuen- und Vasenprogramm im Eingangsbereich versinnbildlicht in allegorischer Form fürstliche Tugenden und Pflichten.

Um 1575 gestaltete man die Fassaden des Innenhofes mit zwei übereinanderstehenden offenen Arkadengängen, die später im ersten Obergeschoss wieder geschlossen und mit einem zweiten Obergeschoss überbaut wurden. Vom Schlosshof führt ein zweiläufiges barockes Treppenhaus, das älteste erhaltene seiner Art in Norddeutschland, zum Schlossmuseum. Bei einem Rundgang durch die original erhaltenen barocken Staats- und Privatappartements der Fürsten von Braun-

Heinrich Julius
1564–1613, Herzog zu Braunschweig-Lüneburg. Als Zwölfjähriger wurde Heinrich Julius erster Rektor der Universität Helmstedt. Außerdem war er »Administrator« (d. h. ohne päpstlichen Segen) der Bistümer Halberstadt und Minden, die unter ihm protestantisch wurden. In seine Regierungszeit fallen der Ausbau von Heinrichstadt und Gotteslager sowie die Gründung des ersten stehenden Theaters in Deutschland, für das Heinrich Julius selbst Stücke verfasste. Berühmt-berüchtigt war der Herzog für sein »Hexenbrennen« mit mehr als 100 Opfern. Als anerkannter Jurist beriet er zudem den Kaiser in Prag, wo er auch starb.

schweig-Wolfenbüttel erhält man anhand des reichen Dekors – Stuckdecken, kassettierte Holzfußböden, mit Damast bespannte Wände – sowie wertvoller Ausstattungsstücke einen lebendigen Eindruck von der fürstlichen Hofkultur. Dazu zählen neben Möbeln, Teppichen, Gemälden und Plastiken auch Porzellane aus der 1747 im Schloss gegründeten Manufaktur. Die später nach Fürstenberg umgesiedelte, bis heute existierende Porzellanmanufaktur zählt neben Meißen (1710) zu den ältesten Deutschlands.

Der herzogliche Hof erlebte als eines der wichtigsten politischen Zentren im Norden des Reiches eine kulturelle Blüte, die weit über die Grenzen des Fürstentums ausstrahlte. So spielte dort ab 1592 regelmäßig das erste stehende Theaterensemble in Deutschland, eine von Herzog **Heinrich Julius** an den Hof gerufene Gruppe englischer Komödianten. Als Hofkapellmeister fungierten u. a. Michael Praetorius und Heinrich Schütz (1585–1672); bedeutende Gelehrte wie Justus Georg Schottelius (1612–1676), der »Vater der deutschen Grammatik«, oder Dichter wie Sigmund von Birken (1626–1681) erzogen die jungen Prinzen. Die letzten im Schloss geborenen und aufgewachsenen Fürstenkinder waren jene des Herzogs Karl, darunter Prinzessin Anna Amalia (1739–1807), die als Herzogin von Sachsen-Weimar den Musenhof in Weimar als Keimzelle der deutschen Klassik begründete.

Als das Schloss durch den Wegzug des Hofes verwaiste, wurden ab Ende des 18. Jahrhunderts Teile des Komplexes abgebrochen, darunter Schlosskapelle, Festsaal und Opernhaus. Zwischen 1770 und 1776 lebte Gotthold Ephraim Lessing im leer stehenden Schloss, in fünf Zimmern des zweiten Obergeschosses, die »sehr geräumig, aber eben deswegen unbequem« waren, wie einer seiner Besucher schrieb. In dieser Zeit verfasste Lessing u. a. sein bürgerliches Trauerspiel »Emilia Galotti«.

Eine neue Funktion erhielt das Schloss 1866 durch die von Anna Vorwerk begründeten »Schlossanstalten«, bestehend aus Kindergarten, Lehrerinnen-Seminar und Mädchenschule. 1970 ging daraus das »Gymnasium im Schloss« hervor, das bis heute in den historischen Räumlichkeiten sowie in einem Neubau, dem »Spiegelschloss«, beheimatet ist. Außerdem nutzt die Bundesakademie für kulturelle Bildung das Schloss seit 1991.

Am Wassergraben, unterhalb des Hausmannsturms, liegen die Arkaden des Untergeschosses des Schlosses. An der »Pferdeschwemme«, an der Pferde getränkt und gesäubert wurden, besaß der Graben seinen direkten Zugang.

Herzogappartement, Antichambre

6 | Lessinghaus

Di–So 10–17 Uhr

Auf der Wiese neben dem Lessinghaus steht das 1961 geschaffene Nathan-Denkmal des Bildhauers Erich Schmidtbochum. Die Bronzefigur soll den Schauspieler Ernst Deutsch (1890–1969) darstellen, der mehr als zehn Jahre lang in über 1000 Theateraufführungen in ganz Europa den Nathan aus Lessings berühmten Theaterstück verkörperte.

Das dreiflügelige einstöckige Gebäude mit seinen hohen Mansarden wurde 1735 für den herzoglichen Oberkammerdiener erbaut. Inmitten des prächtigen Gebäudeensembles aus Schloss, Zeughaus und der imposanten Bibliotheksrotunde, dem Vorgängerbau der heutigen Herzog August Bibliothek, wirkte das im Stile eines spätbarocken französischen Parkschlösschens errichtete Anwesen wie ein Gartenhaus.

1777 musste sein Bewohner, ein Hofgerichtsschreiber, das Haus räumen, um es dem Hofrat **Gotthold Ephraim Lessing** zu überlassen. Im Mai 1770 war er als Bibliothekar in Wolfenbüttel vereidigt worden und hatte zunächst im Wolfenbütteler Schloss und 1776/77 im Meißnerhaus am Schlossplatz 2 gewohnt. Kurz vor Weihnachten 1777, nach einer umfassenden Sanierung für mehr als 1000 Taler, zog der Bibliotheksleiter mit seiner schwangeren Frau Eva und deren Kindern ein. Doch schon bald erlebte er eine Tragödie: Am 25. Dezember kam sein Sohn Traugott zur Welt, der nach wenigen Tagen verstarb: »Meine Freude war nur kurz, und ich verlor ihn so ungern, diesen Sohn! [...] Freylich zerrt mir der kleine Ruschelkopf auch die Mutter mit fort!« Diese Zeilen, die der Verzweifelte im Dezember an einen Freund schrieb, bewahrheiteten sich am 10. Januar 1778, als seine Frau 41-jährig dem Kindbettfieber erlag. Lessing wurde fortan von seiner Stieftochter Amalia, genannt Malchen, versorgt und arbeitete trotz aller Schwermut im Sterbezimmer seiner Frau, wo er u. a. sein Drama »Nathan der Weise« und sein religionsphilosophisches Hauptwerk »Die Erziehung des Menschengeschlechts« verfasste. Gelegentlich empfing er Freunde oder Besucher der Bibliothek in seinem Gartensaal.

Nach Lessings Tod diente das Gebäude noch rund einhundert Jahre als Bibliothekarswohnung, zuletzt Otto von Heinemanns. Seit 1868 Leiter der Herzog August Bibliothek, wurde unter dessen Ägide ein neues Bibliotheksgebäude errichtet und die berühmte Bibliotheksrotunde abgerissen – welch glücklicher Umstand, dass Lessings einstiges Wohnhaus, unmittelbar rechts neben der Rotunde gelegen, vom Abriss verschont blieb! Fortan beherbergte es städtische Behörden. 1929 wurden im nördlichen Gebäudeflügel drei Räume als Lessing-Gedenkstätte eingerichtet.

1968 erhielt die Bibliothek das Haus zurück. Zehn Jahre später eröffnete es als Literaturmuseum, das Lessings Leben und Wirken in Wolfenbüttel in Bildern, Dokumenten und einigen wenigen persönlichen Gegenständen darstellt. Im Westflügel befinden sich Apartments für an der Herzog August Bibliothek tätige Wissenschaftlerinnen und Wissenschaftler.

Man betritt das Anwesen durch einen zum Innenhof führenden Torbogen, auf dem seit 1881 die Inschrift prangt »Hier lebte, schrieb und dichtete Lessing 1777–1781«. Hinter dem Lessinghaus hat sich ein gotischer Torbogen erhalten, der von einem Marstallgebäude oder einer Kapelle stammen könnte.

Gotthold Ephraim Lessing
1729–1781, Dichter. Geboren in Kamenz, Alumnus an der Meißner Fürstenschule St. Afra, Student in Leipzig und Wittenberg, lebte Lessing in Berlin, Breslau und Hamburg, bevor er ab 1770 bis zu seinem Tod als herzoglicher Bibliothekar in Wolfenbüttel wirkte. Lessing machte sich hier um die Entdeckung und Bekanntmachung zahlreicher Schätze wie die Handschrift des Berengar verdient, gab eine Bibliothekszeitschrift heraus und förderte die öffentliche Benutzung der Bibliothek. In seiner Wolfenbütteler Zeit entstanden »Emilia Galotti« und »Nathan der Weise« sowie philosophische Schriften wie »Erziehung des Menschengeschlechts«.

Nathan-Denkmal

August der Jüngere
1579–1666, Herzog. Ohne Aussicht auf eine Regentschaft studierte August Sprachen, bereiste mehrere Länder und residierte bescheiden in Hitzacker. Erst 1635 übernahm er nach dem Aussterben der Wolfenbütteler Linie die Herzogswürde. 1644, nach den Wirren des Dreißigjährigen Krieges, bezog er seine neue Residenz. Durch Reformen und eine sparsame Hofhaltung sanierte er das Herzogtum, das er durch seine Bibliothek zu einem kulturellen Zentrum Europas ausbaute. Als Mitglied der »Fruchtbringenden Gesellschaft« schrieb August auch Bücher, darunter 1616 das erste deutschsprachige Schachlehrbuch.

Oben: Sonnenuhr
Rechts: Augusteerhalle

7 | Herzog August Bibliothek

Informationen zum Besuch der musealen Räume und Führungen unter https://www.hab.de/bibliotheca-augusta/

Vor dem Gebäude steht die wie eine Gartenskulptur anmutende Sonnenuhr. Das astronomische Kunstwerk schuf Johann Friedrich Penther 1738 vermutlich für den Lustgarten in Wernigerode.

Als offizielles Gründungsdokument der Herzog August Bibliothek (HAB), die als eine der ältesten unversehrt erhaltenen gebliebenen Bibliotheken der Welt den Ruf Wolfenbüttels in Gelehrtenkreisen begründete, gilt die von Herzog Julius erlassene »Liberey-Ordnung« von 1572. Bereits zu Studienzeiten hatte der gelehrte Fürst damit begonnen, Bücher zu sammeln. Nach der Reformation gelangten zusätzlich einige Bibliotheksbestände aufgelöster Klöster in seinen Besitz. Sein Enkel Friedrich Ulrich überführte die »Bibliotheca Julia« 1618 an die Universität Helmstedt – erst nach deren Auflösung 1810 kehrte ein Großteil der Bücherschätze nach Wolfenbüttel zurück.

Die eigentliche »Bibliotheca Augusta« ist nach Herzog **August dem Jüngeren** benannt. Aus einer welfischen Nebenlinie stammend, trat er unverhofft, bereits 56 Jahre alt, das Wolfenbütteler Herzogsamt an. Für seine seit dem Kindesalter systematisch zusammengetragene Büchersammlung ließ er 1643 das Marstallgebäude, direkt neben dem Zeughaus gelegen, als Bibliothek herrichten. Fortan beschäftigte der Herzog Bücheragenten in ganz Europa, und regelmäßig trafen Wagenladungen voller Bücher ein – wie damals üblich in Fässern geliefert –, für die er jährlich bis zu 15 000 Taler ausgab. August entwickelte als sein eigener Bibliothekar und unter Nutzung seines praktischen Bücherrades zwanzig thematisch-systematische Kategorien, darunter die »Quodlibetica« – eine Verlegenheitsgruppe für »Widerspenstiges«. Im Gegensatz zu anderen fürstlichen Sammlern, die durch kostbare Bucheinbände ihren Reichtum zur Schau stellten, interessierte sich der Herzog für den Inhalt der einbandlosen, nur in Pergament geschlagenen Bücher. Als der Büchernarr 1666 hochbetagt verstarb, umfasste seine Bibliothek etwa 40 000 Bände mit 135 000 Titeln

Gottfried Wilhelm Leibniz
1646–1716, Universalgelehrter. Seit 1676 Bibliothekar in Hannover, war Leibniz ab 1691 bis zu seinem Tod zusätzlich Direktor der Wolfenbütteler Herzog August Bibliothek. Leibniz gilt als ihr erster moderner Bibliothekar, zu seinen Verdiensten gehören die Einführung eines alphabetischen Verfasserkataloges, konsequente Bestandserweiterung sowie deren Bekanntmachung durch Publikationen und eine liberale Nutzerordnung. Durch den Abriss der von ihm veranlassten Bibliotheksrotunde und seines Wohnhauses am Schlossplatz hinterließ Leibniz weniger heute noch wahrnehmbare Spuren in Wolfenbüttel als Lessing.

und zählte zu den berühmtesten fürstlichen Büchersammlungen, sogar als »achtes Weltwunder« wurde sie bezeichnet. Hinsichtlich der Anzahl ihrer Drucke galt sie als größte Bibliothek der Welt, ihre Sammlung mittelalterlicher Handschriften gehörte zu den bedeutendsten des Kontinents.

Als der Baumeister Hermann Korb 1705 mit dem Neubau der Bibliothek, der berühmten Rotunde, begann, schuf er das erste selbständige profane Bibliotheksgebäude des neuzeitlichen Europas. Der für seine Helligkeit vielgepriesene Lesesaal befand sich in einem ellipsenförmigen Raum mit zwölf Pfeilern, in dessen beiden unteren Geschossen die Bücherregale standen. Über der dritten, mit Ornamenten verzierten Etage erhob sich die Laterne mit 24 Rundbogenfenstern, die außen mit einem Himmelsglobus bekrönt war. Als Ideengeber des Bauwerks gilt der Philosoph **Gottfried Wilhelm Leibniz**, der bis 1716 als Wolfenbütteler Bibliothekar wirkte.

Wegen Baufälligkeit und Brandgefahr der hölzernen Rotunde entstand 1883–1887 der bis heute genutzte wilhelminische Neubau im Stil eines florentinischen Palazzo, dessen vier Flügel sich um zwei Lichthöfe gruppieren. Die berühmte Rotunde hingegen wurde im August 1887 bei einer Versteigerung für 5150 Mark einem Bauunternehmer zum Abriss überlassen.

Im Laufe der Jahrhunderte zog die »Bibliotheca Augusta« sowohl mit ihrem berühmten Bauwerk als auch ihrem wertvollen Bestand unzählige Gäste an – die seit 1667 geführten Besucher- bzw. Ausleihbücher erwähnen z. B. Giacomo Casanova, Moses Mendelssohn, die Brüder von Humboldt und Hoffmann von Fallersleben.

Die im Zweiten Weltkrieg unversehrt gebliebene Herzog August Bibliothek entwickelte sich unter den beiden langjährigen Leitern Erhart Kästner (1950–1968) und Paul Raabe (1968–1992) zu einer Forschungsbibliothek von internationalem Rang mit verschiedenen Stipendienprogrammen, Arbeitskreisen, Publikationsreihen, Tagungen, Ausstellungen und kulturellen Veranstaltungen. In den musealen Räumen der Bibliothek kann man u. a. bibliophile Kostbarkeiten wie ein Faksimile des Evangeliars Heinrichs des Löwen und Mathildes von England bewundern.

Das heute im Eingangsbereich aufgestellte Lessingdenkmal von 1795 zeigt, einem antiken Grabmal nachempfunden, auf vier Reliefplatten ein Bildnis des Dichters, die allegorischen Masken von Komödie und Tragödie sowie eine Inschrift. Es stand ursprünglich vor der Bibliotheksrotunde und wurde 1806 in ihr Vestibül versetzt, da Teile der Bevölkerung, die in Lessing einen gottlosen Mann sahen, das Denkmal demolieren wollten.

Das **Evangeliar Heinrichs des Löwen und Mathildes von England**, das die vier Evangelien und die Heilsgeschichte des Christentums in Miniaturen enthält, wurde um 1188 von dem Herzog in der Abtei Helmarshausen in Auftrag gegeben und der Braunschweiger Stiftskirche St. Blasii gestiftet. Die Handschrift, die als eines der Hauptwerke der mittelalterlichen Buchkunst gilt, besteht aus 226 Pergamentblättern mit zahlreichen Illustrationen und Zierseiten. 1983 wurde das Evangeliar bei Sotheby's für 32,5 Millionen D-Mark als nationales Kulturgut für Deutschland als eines der teuersten Bücher der Welt ersteigert. Aufbewahrt in der HAB, wird das Original nur sehr selten gezeigt.

Magazin

Wilhelm Busch
1832–1908, Dichter, Zeichner und Maler. 1863 heiratete Gustav Busch, Wilhelms jüngerer Bruder, in Wolfenbüttel in eine Wirtsfamilie ein. Seitdem kam der unverheiratete Wilhelm häufig zum »Alten Forsthaus« am Neuen Weg, auf dessen Hof und Garten er sich besonders in den Sommermonaten sehr wohl fühlte. Er baute sich »eine Art von Gartenhaus«, in dem er vor allem malte. Später verkaufte Gustav die Wirtschaft und gründete 1872 die erfolgreiche Konservenfabrik »Busch, Barnewitz & Co.«, die Obst und Gemüse der umliegenden Wolfenbütteler Gärten verarbeitete.

Hinter der Bibliothek befindet sich in der Lessingstraße 11 das 1887 erbaute Direktorhaus, Bestandteil des in den vergangenen Jahren erweiterten Bibliotheksquartiers rund um die »Biblioteca Augusta«.

8 | Bürger Museum

Di–So 10–17 Uhr

In einer ehemaligen Reithalle, die um 1850 errichtet und später als Sporthalle genutzt wurde, eröffnete im Jahr 2017 das Bürger Museum. Es präsentiert anschaulich die Geschichte Wolfenbüttels der vergangenen 500 Jahre. Unter dem Motto »Bürger erzählen« lädt das Museum zur Mitwirkung ein. Die so zusammengetragenen Gegenstände und Dokumente werden in einem offenen Archiv, dem Bürgerarchiv, ausgestellt. Vor dem Museum steht die über drei Meter hohe Bronzeskulptur »Malergenius – Hommage an **Wilhelm Busch**« von Markus Lüpertz. Buschs eindringliches Ölgemälde »Der bucklige Friedel in roter Jacke« ist im Museum zu sehen. Zeitlebens litt der Dichter, Humorist und Zeichner darunter, dass er sich nie als ernsthafter Maler zu etablieren vermochte.

9 | Proviantboden

An der Einmündung der Lessingstraße auf den Schlossplatz erinnert ein Gedenkstein an die 1893 von Constantin Uhde im maurischen Stil erbaute Synagoge, die in der Reichspogromnacht 1938 zerstört wurde. Gegenüber erhebt sich der um 1660 erbaute Proviantboden. Im 19. Jahrhundert erhielt der größte Fachwerkbau Wolfenbüttels ein steinernes Untergeschoss und wurde um rund zehn Meter eingekürzt. Bis 1989 für Fahrzeuge und Mannschaften der Feuerwehr genutzt, erfüllt der Bau heute wieder seinen ursprünglichen Zweck als Magazin, jedoch nicht für Naturalien, sondern für Bücher der Herzog August Bibliothek.

10 | Zeughaus

Führungen 1. Di im Monat 17 Uhr

Parallel zum Proviantboden steht das Zeughaus, das der Baumeister Paul Francke ab 1613 im Stil der Spätrenaissance schuf. Sein markantes Dach, höher als die beiden Stockwerke, wird von zwei schönen Giebeln an

Zeughaus

Anna Vorwerk
1839–1900, Frauenrechtlerin. Vorwerk kam als Kind nach Wolfenbüttel. Gemeinsam mit Henriette Breymann, Nichte des Kindergarten-Begründers Friedrich Fröbel, gründete sie 1866 den »Verein für Erziehung«, der im Schloss einen Kindergarten und eine Mädchenschule initiierte. Als sie sich mit Breymann überwarf, übernahm Vorwerk die Leitung der »Schlossanstalten«. In den folgenden Jahren entstanden u. a. noch Lehrerseminar, Gewerbe- und Haushaltungsschule sowie in der Stadt ein Feierabendhaus »Zu Nutz und Frommen alter und erholungsbedürftiger Lehrerinnen«.

den Querseiten sowie drei Zwerchgiebeln auf der zum Schlossplatz zeigenden Längsfront bekrönt. Das einstige Waffenarsenal diente nach Verlegung der Residenz als Schlosskaserne, später als Lagerhalle und nach dem Zweiten Weltkrieg als Flüchtlingsunterkunft.

Seit 1974 zur Herzog August Bibliothek gehörend, erhielt das Zeughaus während seiner umfassenden Restaurierung 1976–1981 seine originalgetreue Farbgebung zurück, und die dreischiffige Pfeilerhalle wurde, von Einbauten entkernt, freigelegt. Heute ist das Zeughaus das eigentliche Hauptgebäude der Bibliothek mit Freihandbibliothek, Lesesaal und Ausstellungsräumen. Über dem Hauptportal von 1619 prangt das herzogliche Wappen.

11 | Schlossplatz Ostseite

Am rückwärtigen Quergiebel des Zeughauses erreicht man am Schlossplatz 5 das moderne Leibniz-Haus, in dessen Restaurant ein historisches Gewölbe aus der Bastion »Finkenberg« integriert ist. In einem Vorgängergebäude wohnte der Universalgelehrte Gottfried Wilhelm Leibniz während seines Direktorats an der Herzog August Bibliothek.

Vorname und Name

Straße und Hausnummer

PLZ und Ort

E-Mail-Adresse

Datum und Unterschrift

An den
Lehmstedt Verlag
Hainstraße 1
D–04109 Leipzig

Liebe Leserinnen und Leser,
vielen Dank, dass Sie sich für einen Lehmstedt Reiseführer entschieden haben. Wir freuen uns, Ihre Meinung zu erfahren. Bitte schreiben Sie uns, wenn Sie Anregungen, Empfehlungen oder Berichtigungen haben. Gut verwertbare Informationen belohnen wir mit einem kostenfreien Lehmstedt Stadtführer Ihrer Wahl! Vielen Dank!

Ich habe diese Karte folgendem Reiseführer entnommen:

____

❑ Bitte senden Sie mir regelmäßig kostenfrei und unverbindlich die Kataloge Ihrer Neuerscheinungen zu.

Ich möchte gern folgende Bücher aus Ihrem Verlagsprogramm bestellen und bitte um Lieferung gegen Rechnung an die umseitig genannte Adresse.

Anzahl	Autor, Titel

Ab einem Bestellwert von 20 € ist die Lieferung innerhalb Deutschlands versandkostenfrei.

info@lehmstedt.de

Unsere Datenschutzerklärung finden Sie unter www.lehmstedt.de.

Am Schlossplatz 4 befindet sich das Anna-Vorwerk-Haus, in dem die namensgebende Vorkämpferin der Frauenbewegung lebte. Im frühen 18. Jahrhundert nach Plänen von Hermann Korb als typisches Wolfenbütteler Patrizierhaus erbaut, verdeckt die Jugendstilfassade von 1906 den Fachwerkkern des Gebäudes.

Den Abschluss der Straße bildet das ebenfalls von Korb entworfene stattliche Hofbeamtenhaus am Schlossplatz 2, in dem sich die florierende Buchhandlung von Johann Christoph Meißner befand. Mit dem Wegzug der höfischen Gesellschaft, die immer auch eine lesende war, verlor das Geschäft seine wichtigsten Kunden und musste Ende des 18. Jahrhunderts aufgegeben werden. Eine Tafel erinnert an Lessing, der, nach mehreren einsamen Jahren im Wolfenbütteler Schloss, im Meißnerhaus 1776/77 »das glücklichste Jahr seines Lebens« verbrachte – hier endlich konnte er mit Eva und ihren Kindern zusammenleben. Bereits 1771 hatte sich Lessing mit der Hamburger Kaufmannswitwe Eva König verlobt, doch die beiden sahen sich anfangs nur selten, weil er den Braunschweiger Prinzen Leopold nach Italien begleiten und sie sich zur Regelung des Nachlasses ihres Mannes länger in Wien aufhalten musste.

Büste des Cellisten Pau Casals (Antoni Miró, 1984)

12 | Krambuden

Die Löwenstraße führt in die Altstadt von Wolfenbüttel. Im 16. Jahrhundert verlief an dieser Stelle ein Nebenarm der Oker, der die natürliche Grenze zwischen der herzoglichen Dammfestung und der Heinrichstadt bildete. Zwischen den beiden Siedlungskernen, dem Bereich der heutigen Straßen Krambuden und des Kleinen und Großen Zimmerhofes, »Freiheit« genannt, brauchten die Bewohner keine Abgaben zu leisten.

Um an diesem strategisch wichtigen Punkt im Verteidigungsfall sofort Platz schaffen zu können, durften die Krämer nur einfache Verkaufsstände, die »Krambuden«, errichten. Es handelt sich de facto um eine mit Verkaufsbuden bebaute Brücke über den Großen Kanal, einen der einst zahlreichen Kanäle und Grachten in der Stadt. Zu den ältesten Häusern der Zeile aus dem frühen 17. Jahrhundert gehört Haus Nr. 10. Das um 1660 erbaute Fachwerkgebäude Nr. 6 wendet als einziges von Wolfenbüttel seine Giebelseite zur Straße. Modernen Ursprungs ist die Brücke in Höhe der zweiten Etage, die zur Standfestigkeit des historischen Gebäudes beitragen soll. Der steinerne Laubengang der Krambuden entstand erst um 1700, vermutlich nach Plänen Hermann Korbs.

Kleiner Zimmerhof 15

13 | »Klein Venedig«

Durch die Brücke neben den Krambuden 6 hindurch, entlang des Kleinen Zimmerhofes gehend, vorbei an dem kurios schmalen Gebäude Nr. 15, erreicht man rechter Hand das malerische »Klein Venedig«. Dabei handelt es sich um einen Teil des Großen Kanals, des letzten erhaltenen Wasserlaufes des Grachtensystems von Wolfenbüttel, das u. a. Hans Vredeman de Vries im 16. Jahrhundert nach niederländischem Vorbild anlegte.

Schünemannsche Mühle

Schräg gegenüber befindet sich die Schünemannsche Mühle, die im ausgehenden 19. Jahrhundert anstelle einer älteren Mühle erbaut wurde. Seit Stilllegung 1979 und der anschließenden Sanierung beherbergt das Industriedenkmal die Bundesakademie für kulturelle Bildung. Die Straßennamen Schiff- bzw. Rosenwall erinnern daran, dass sich hier Festungsanlagen erstreckten.

An »Klein Venedig« vorbei führt der Stadtrundgang zu einem steinernen Kornspeicher an der Ecke von Stoben- und Mühlenstraße, dessen Aufzugserker erhalten blieb. Die Stobenstraße, die sich am Rande der Stadt im Schatten der Wallanlagen befand und in der die öffentlichen Badestuben lagen, war mit sogenannten Buden der ärmeren Bevölkerung bebaut.

14 | Bankhaus Seeliger

Am Ausgang der Mühlenstraße befindet sich linker Hand das erste und lange Zeit einzige steinerne Wohngebäude von Wolfenbüttel, errichtet in den Jahren 1586–1588. Der verputzte Bruchsteinbau mit Ecktürmchen und drei Fachwerk-Zwerchhäusern diente zunächst als Wohnsitz des Baumeisters Philipp Müller. Über dem eindrucksvollen Portal befindet sich seit 1646, als die Hofapotheke einzog, das herzogliche Wappen. Darüber prangt der Wahlspruch des Herzogs August des Jüngeren, »Alles mit Bedacht«.

1825 ging das Gebäude in den Besitz des Bankhauses Seeliger über, das, 1794 von Heinrich Anton Christoph Seeliger gegründet, bis heute besteht und zu den ältesten Privatbanken in Deutschland zählt. Vom Bankhaus Seeliger aus erblickt man den Stadtmarkt, das Herz des bürgerlichen Wolfenbüttel.

Julius
1528–1589, Herzog. Julius war als drittgeborener Sohn für eine kirchliche Karriere vorgesehen, zumal er durch einen Unfall verkrüppelte Füße hatte. Nach dem Studium in Köln und Löwen bereiste er Frankreich. Als seine beiden älteren Brüder in der Schlacht bei Sievershausen 1553 gestorben waren, wurde er, zum Missfallen seines katholischen Vaters, Thronfolger. Nach dessen Tod wurde Julius 1568 Herzog. Er führte die Reformation in Wolfenbüttel ein, gründete die Universität Helmstedt und die »Bibliotheca Julia«, verbesserte die wirtschaftliche Infrastruktur, projektierte die Heinrichstadt und das »Gotteslager« (Juliusstadt).

15 | Stadtmarkt

Östlich der Dammfestung vor der Burg, wo bis 1500 ein Großteil der Bewohner siedelte, lag rund um eine Marienkapelle eine kleine Handwerkersiedlung, die während der Belagerung durch den Schmalkaldischen Bund zerstört wurde. 1570 begann Herzog **Julius** mit der völligen Neugestaltung dieser Siedlung, der er noch im gleichen Jahr Wappen und Marktrecht verlieh, sowie dem Bau neuer Befestigungsanlagen und der Kanalisierung der Oker. Die Heinrichstadt, wie er den neuen Stadtteil nach seinem Vater benannte, umfasste im Wesentlichen die heutige Altstadt von Wolfenbüttel. Sie gilt als erste planmäßig angelegte Renaissance-Stadt nördlich der Alpen. Julius' gesamter Stadtentwurf lässt sich als Rumpf eines Menschen verstehen: Das Haupt bildete der Wohnsitz des Herzogs und seiner Hofgesellschaft auf der Dammfestung, den Rumpf die Heinrichstadt für Hofbeamte und Offiziere sowie mit dem Sitz der Verwaltung. Gewissermaßen als Glieder plante Julius das östlich der Heinrichstadt gelegene »Gotteslager« für Kaufleute und Handwerker. Den Stadtnamen Wolfenbüttel, der ursprünglich nur die Burg bezeichnete, übertrug man erst 1747 auf die verschiedenen Stadtteile.

Denkmal für Herzog August den Jüngeren

Der von sehenswerten Bürgerhäusern gesäumte Stadtmarkt entstand ab 1590, nachdem an dieser Stelle ein See trockengelegt worden war. Auf dem Platz steht seit 1904 ein Denkmal für August den Jüngeren. Dass der Herzog

Friederike von Riedesel
1746–1808. Die Tochter eines preußischen Ministers zog nach früher Heirat 1763 nach Wolfenbüttel. Ab 1776 kämpfte ihr Gatte als Befehlshaber der braunschweigischen Truppen auf Seiten der Engländer im amerikanischen Unabhängigkeitskrieg. 1777 folgte Friederike ihm mit den drei Kindern nach Amerika, wieder bis an die Front. Nach Gefangenschaft und der Geburt der Kinder Amerika und Canada kehrte die Familie 1783 nach Wolfenbüttel zurück. Ihr erfolgreiches Buch »Berufsreise nach Amerika« gilt heute als wichtige Quelle zur Geschichte Nordamerikas.

nicht erhaben auf dem Pferd, sondern bescheiden neben ihm steht, symbolisiert ihn als nachdenklichen Friedensfürsten: Mit der Gründung seiner Bibliothek verhalf er der vom **Dreißigjährigen Krieg** gebeutelten Stadt zu überregionaler Bekanntheit.

An der Ostfront des Stadtmarktes liegt das Zimmermannsche Haus (Nr. 15) aus der Mitte des 18. Jahrhunderts, das sein Fachwerk hinter einer Putzfassade verbirgt. Das mit auffälligen Erkern und Zwerchhäusern errichtete Eckgebäude beherbergte ab 1801 eine Apotheke, die dem Gebäude den Namen »Alte Apotheke« gab.

Auch die Bürgerhäuser an der südlichen Platzseite hatten im Laufe der Jahrhunderte bedeutende Bewohner, darunter der Kupferstecher Conrad Buno (Eckgebäude zum Kornmarkt), der Schriftsteller August Siegfried von Goue, Begründer der von Goethe besuchten Wetzlarer Rittertafel (Stadtmarkt 11), sowie Friedrich Adolf und **Friederike von Riedesel** (Stadtmarkt 8).

Die imposanten Hofbeamtenhäuser der Westseite, errichtet 1617, werden heute von der Stadtverwaltung genutzt. Am Gebäude Stadtmarkt 7 prangt eine Inschrift mit Stadtwappen; ein gusseisernes Relief im Eingangsbereich zeigt anschaulich die stark befestigte Residenzstadt anno 1612 (siehe S. 48).

Hofbeamtenhäuser am Stadtmarkt

16 | Rathaus

Die West- und Nordseite des Stadtmarktes werden heute vom Rathauskomplex eingenommen. Kern der Anlage war ein 1599 erbautes Gebäude, das seit 1602 mit dem Erlass der »Heinrichstädter Privilegien« als Rathaus diente. Hier versammelte sich der Rat, bestehend aus zwei Bürgermeistern und zehn Ratsherren, tagten die Zünfte und wurden Gerichtsurteile verkündet. 1609 wurde dieser Flügel, in dem sich auch der Ratskeller mit einem schönen historischen Gewölbe befindet, um vier Gefache erweitert. Zeitgleich entstand der westliche Flügel mit der Ratswaage. Bis heute erinnert eine Norm-Elle, eine Waage und ein alttestamentlicher Spruch über dem Portal an die einstige Funktion des Hauses. Diese auf L-förmigem Grundriss stehenden Gebäude wurden einige Jahre später durch eine mit Backstein ausgefachte Fachwerkfassade verbunden.

Zu den sehenswerten Details des Bauwerks zählen Sonnenuhr (1694), Wetterfahnen und Inschriften über den Portalen. Auch das Stadtwappen in Blau mit einem gezäumten, springenden, silbernen Ross und einer roten Säule, auf der eine von einem silbernen Stern überhöhte Krone ruht, ist zu entdecken.

Dreißigjähriger Krieg
Nach einer verlorenen Schlacht im August 1626 floh der protestantische Dänenkönig Christian IV. in die sicher geglaubte Festung Wolfenbüttel. Ab 1627 leitete Gottfried Heinrich Pappenheim, für die Entschlossenheit seines Regimentes bekannt mit der Redensart »Ich kenne meine Pappenheimer«, die Belagerung. Da er weder genügend Soldaten noch Zeit hatte, ließ er nördlich von Wolfenbüttel die Oker stauen. Daraufhin stand die Stadt mehrere Wochen unter Wasser, bis die Belagerten Weihnachten 1627 aufgaben und die Kaiserlichen einzogen. Für diesen Verdienst wurde Pappenheim in den Reichsgrafenstand erhoben.

Relief am Haus Ruge

Da die Rückseite des Rathauses auf einer festen Mauer des Okerkanals stand, der auf morschen Eichenpfählen ruhende Vorderteil sich aber im Laufe der Jahrhunderte verformte, erfolgte bis 1995 eine umfassende Sanierung, bei der das Rathaus ein neues Fundament aus Stahlbeton und 70 Betonpfeilern sowie eine aus Stahl und Glas konstruierte Rückseite erhielt. Durch diese sieht man heute von der Eingangshalle aus den direkt hinter dem Rathaus verlaufenden Kanal. Außerdem ist hier ein Stadtmodell zu bewundern. Auch heute noch ist das Rathaus Sitz des Wolfenbütteler Bürgermeisters und der Verwaltung.

17 | Lange Herzogstraße

Die Lange Herzogstraße, die am Bankhaus Seeliger beginnt, durchzog als eine der West-Ost-Verbindungen geradlinig die gesamte Heinrichstadt. Alle Häuserfronten lagen in einer Linie, um die Hauptachsen vom Schloss aus einsehbar zu machen und in kriegerischen Auseinandersetzungen freie Schussbahn zu bieten. Vor dem Bau der Häuser musste das durch die nahegelegene Oker feuchte Gelände aufwendig entwässert werden, als Fun-

Grüttemannsches Haus

Haus Ruge

dament wurden teils fünf Meter tiefe Pfähle in den Boden gerammt. Gebaut wurden fast ausschließlich Fachwerkhäuser, denn Stein war teuer und hätte von weit her besorgt werden müssen. Im 18. Jahrhundert kam es in Mode, durch Abschlagen des Fachwerkschmuckes und einen dicken Farbanstrich Steingebäude vorzutäuschen. Was sich jedoch im Nachhinein als wichtigster Vorteil der Holzbauweise erwies – nur das elastische Holz und der Lehm der Gebäude hielten den ständigen Verformungen des feuchten Untergrunds über die Jahrhunderte stand.

In der Langen Herzogstraße, heute eine beliebte Flaniermeile und Haupteinkaufsstraße von Wolfenbüttel, reihen sich breitgelagerte Fachwerkhäuser aneinander, an deren Giebeln teilweise noch Ladeluken vorhanden sind, über die einst die Handelswaren auf die Speicherdächer gezogen wurden. Sehenswerte Bauten sind das Grüttemannsche Haus (Nr. 62) neben dem Bankhaus Seeliger sowie schräg gegenüber das Haus Ruge (Nr. 2) mit einem schönen Relief.

Glockenspiel

Die Lange Herzogstraße läuft man bis zur Einmündung der Straße Am Alten Tore. Hier kann man ein aussagekräftiges Relief der Festung Wolfenbüttel betrachten und am gegenüberliegenden Gebäude mehrmals täglich einem Glockenspiel lauschen.

18 | Ehem. Kanzlei

Karl Wilhelm Jerusalem
1747–1772, Jurist. Jerusalem wurde in Wolfenbüttel als Sohn des Abtes Jerusalem geboren, der als Hofprediger, Prinzenerzieher und Berater von Herzog Karl I. tätig war. Nach seinem Studium in Leipzig, bei dem er Goethe kennenlernte, wurde Jerusalem im Juni 1770 in der Wolfenbütteler Kanzlei in das Amt eines Hofgerichtsassessors eingeführt. 1771 an das Reichskammergericht Wetzlar versetzt, verliebte er sich dort unglücklich und erschoss sich im Oktober 1772. Goethe verarbeitete das Geschehen in dem berühmten Briefroman »Die Leiden des jungen Werthers«.

Über die kurze Bärengasse erreicht man eine weitere Magistrale der Heinrichstadt, die Kanzleistraße. Dem auffälligen roten Gebäude, der ehemaligen Neuen Kanzlei, verdankt die Straße ihren Namen. Für den herzoglichen Verwaltungssitz der im Entstehen befindlichen Heinrichstadt vergrößerte der Baumeister Hans Vredeman de Vries bis 1588 einen älteren Vorgängerbau. An der Ecke zur Klosterstraße befindet sich eine mehrstöckige Auslucht, zum Hauptportal mit Laube führt eine steile Treppe. Bis 1599 wurde der Komplex um das Kanzlerhaus, den Wohnsitz des Kanzlers, erweitert. Dieser Gebäudeteil besitzt ein schönes Rundbogenportal. Das Aussehen eines italienischen Palazzo erhielt die Kanzlei erst Mitte des 19. Jahrhunderts, als die beiden Häuser zusammengefasst, Laube und Auslucht jeweils um ein Stockwerk erhöht und die Zwerchhäuser vom Dach entfernt wurden.

Außer der Justizkanzlei beherbergte das Gebäude auch Konsistorium, Archiv und Hofgericht. An letzterem arbeitete **Karl Wilhelm Jerusalem** als Assessor. Einer der einflussreichsten Bewohner des Kanzlerhauses war der Geheime Rat und spätere Minister Georg Septimus Andreas von Praun, der bis 1770 Direktor der Herzoglichen Bibliothek war und seinen Nachfolger Lessing ins Amt einführte. Hinter der Kanzlei lag der fürstliche Faktoreihof, in dem Harnische, Kanonenkugeln und Geschütze gefertigt wurden.

Portal des Kanzlerhauses

Seit 1959 nutzt das Braunschweigische Landesmuseum, zu dem außerdem drei Museen in Braunschweig und ein Bauernhaus in Bortfeld gehören, die Räumlichkeiten und präsentiert in seiner Ausstellung die Urgeschichte der Region, angefangen von den Jägern und Sammlern der Altsteinzeit bis zu den bäuerlichen Siedlern. Darüber hinaus sammelt und magaziniert das Museum systematisch archäologische Artefakte, die überwiegend bei wissenschaftlichen Ausgrabungen im 20. und 21. Jahrhundert im ehemaligen Regierungsbezirk Braunschweig geborgen worden sind oder in früheren Jahrhunderten zusammengetragen wurden. Dazu zählen u. a. Waffen, Schmuck, Geschirr und Werkzeuge. Aktuell ist der Standort nur für Schulklassen geöffnet.

In der ursprünglich für eine Figur der Justitia geschaffenen Nische über dem rechten Eingang steht die »Wolfenbütteler Figur« aus Edelstahl (Joachim Wolff, 1986), ein Mischwesen aus menschlichen und tierischen Elementen.

Ausstellungsbereich im Archäologischen Museum

Kanzleistraße 4

19 | Kanzleistraße

Bis ins 18. Jahrhundert befand sich in der Kanzleistraße ein Oker-Kanal, der »Faule Graben«, der als erster der städtischen Kanäle wegen seines üblen Geruches verfüllt wurde. Gegenüber der Kanzlei steht das älteste inschriftlich datierte Fachwerkhaus Wolfenbüttels von 1597 (Nr. 13). Allerdings blieb von dem Gebäude nur die Fassade mit den typischen unsymmetrischen Vorkragungen und der großen Dielentür erhalten, dahinter versteckt sich seit 1975 ein Neubau.

Schöne Beispiele für Hofbeamtenhäuser aus dem ausgehenden 16. Jahrhundert finden sich neben der Kanzlei. Das Gebäude Kanzleistraße 4 erwarb 1882 die Wolfenbütteler Freimaurerloge »Wilhelm zu den drei Säulen«, zu deren Brüdern u. a. der Klavierfabrikant **Theodor Steinweg** sowie Curt Mast, Erfinder des Jägermeister-Likörs, zählten. Während sich Lessing, der 1771 in der Hamburger Loge »Zu den drei Rosen« aufgenommen worden war, bereits in seiner Wolfenbütteler Zeit mit der Freimaurerei beschäftigte und die Schrift »Ernst und Falk. Gespräche für Freimaurer« (1778) publizierte, gründete sich die hiesige Loge erst 1847. Nach ihrer Zwangsschließung 1935 erwarben die Freimaurer das Anwesen

Theodor Steinweg
1825–1889, Klavierbauer. 1835 begründete Steinwegs Vater eine Klavierbauwerkstatt. Als dieser und sechs seiner Kinder 1850 nach New York auswanderten, wurde Theodor, der als einziger in der Heimat blieb, die Firma übertragen. Er verlegte die Werkstatt an den Holzmarkt 15 in Wolfenbüttel. 1865 ging er nach dem Tod zweier Brüder ebenfalls nach New York. 1880 kehrte er nach Braunschweig zurück. Theodor hatte mit seinen Erfindungen maßgeblichen Anteil daran, dass »Steinway & Sons« ein Klavierunternehmen von Weltruf wurde.

nach dem Zweiten Weltkrieg zurück und nutzen es bis heute. Hinter dem Portal liegt eine hohe Eingangshalle, in der Wagen bzw. Kutschen genügend Platz hatten. Im Nachbargebäude (Kanzleistraße 5) befanden sich Wirtshaus, Packhof und Akzise, in der Steuern auf eingehende Waren eingetrieben wurden.

Der Stadtrundgang führt weiter durch die sehenswerte Brauergildenstraße. Am Ausgang der Straße befindet sich ein imposanter Fachwerkbau mit Ziegelsteinfüllung, der, 1892 als »Herberge zur Heimat« eröffnet, bis heute als Hotel-Restaurant genutzt wird.

Brauergildenhaus

20 | Reichsstraße

Galerie des Kunstvereins Mi–Fr 16–18 Uhr, Sa/So 11–13 Uhr

An der Stirnseite des Brauergildenhauses floss ein weiterer, rund vier Meter breiter Oker-Arm vorbei. Im 16. und frühen 17. Jahrhundert war dieser Kanal noch schiffbar und wurde in der Reichsstraße von drei steinernen Brücken überspannt. Auch hier war die Verschmutzung nicht länger tragbar, sodass der »Muddegraben« verfüllt und mit Linden bepflanzt wurde. Heute verdeckt die hoch

Reichsstraße 1

gewachsene Lindenallee den Blick auf die repräsentative Häuserzeile der Reichsstraße, in der sich Hofbeamtenhäuser aus der Zeit um 1600 mit zahlreichem Fachwerkschmuck, Zwerchhäusern und Erkern aneinanderreihen.

Gegenüber dem Brauergildenhaus steht das sogenannte Fürstenhaus (Reichsstraße 1), in dem 1733–1735 Erbprinz Karl und seine Gemahlin, die preußische Prinzessin Philippine Charlotte, wohnten. Heute beherbergt das Gebäude den Wolfenbütteler Kunstverein, der Werke junger Künstler ausstellt. Auf der anderen Seite des Kanals lagen die Fleischscharren, die Verkaufsstände der Fleischer.

21 | Holzmarkt

Auf dem Weg zum Holzmarkt kreuzt man die Okerstraße, deren Kanal erst im 20. Jahrhundert zugeschüttet wurde. Hier begann die neue Heinrichstadt, deren Magistrale, die Breite Herzogstraße, in nord-südlicher Richtung verlief. Den Holzmarkt, besonders den an der Kirche gelegenen hinteren Teil, säumen sehenswerte Fachwerkgebäude. Am Holzmarkt 9 lebte der Hof- und Schutzjude Marcus Gumpel Fulda ben Mose (1660–1733), der als Begründer der jüdischen Gemeinde Wolfenbüttels gilt. Auf der Grünfläche erinnert das »Gärtnerpaar« an den traditionsreichen Wolfenbütteler Gemüseanbau, der bis ins 16. Jahrhundert zurückgeht und im 19. Jahrhundert, beflügelt durch mehrere Konservenfabriken, seine flächenmäßig größte Ausdehnung erreichte.

Der Holzmarkt wurde von dem 1570–1578 errichteten Kaisertor begrenzt, das den Hauptzugang zur Herzogsresidenz im Osten bildete. Vor dem Tor lag die Siedlung Gotteslager, seit 1879 Juliusstadt genannt, die im Dreißigjährigen Krieg fast vollständig zerstört wurde. Ihr Name leitete sich vermutlich von dem niederdeutschen Wort »goods« für Waren ab und bezeichnete einen Handels- oder Stapelplatz. Doch der gewaltige, von Herzog Julius geplante Komplex, der dem abtrünnigen Braunschweig Konkurrenz machen sollte und über 30 000 Feuerstellen, vier Kirchen, mehrere Manufakturen und eine Universität vorsah, war in dieser Größenordnung nicht umsetzbar. Tatsächlich entstanden kaum mehr als drei Straßenzüge (heute: Leopold-, Ferdinand- und Juliusstraße).

»Lumpenbüttel«
Mit dem Fortzug des herzoglichen Hofes nach Braunschweig, und mit ihm der höfischen Gesellschaft und des unternehmungslustigen Bürgertums, verfiel Wolfenbüttel in einen »Dornröschenschlaf«. Die Einwohnerzahl halbierte sich auf 6000 Seelen, das Schloss stand mehrere Jahre lang leer. Auch Lessing, der 1770 in die Stadt kam, interessierte der Umgang hier wenig, er fuhr lieber nach Braunschweig. In den 1820er Jahren verfasste der Buchhändler Carl Niedmann, 1805 am Holzmarkt 18 geboren, über die kleinstädtischen Wolfenbütteler die Satire »Krähwinkel wie es ist«.

Orgel

22 | Trinitatiskirche

Di 11–13 Uhr, Mi 11–13/14–16 Uhr, Do 14–16 Uhr, Sa 11–16 Uhr, **Führung** 4. Fr im Monat 17 Uhr

Der östlichen Verlagerung der Stadtbefestigung nach dem Dreißigjährigen Krieg fiel die Kirche im Gotteslager zum Opfer. Da dadurch jedoch das Kaisertor keine fortifikatorische Funktion mehr besaß, nutzte man sein Untergeschoss als Unterkunft und Lagerstätte der Garnison und das Obergeschoss als Andachtsraum für die gotteslagersche Gemeinde. Für die wachsende Zahl der protestantischen Gläubigen bald zu klein, errichtete man unter Einbeziehung einiger Bauteile des Kaisertores einen über eine Freitreppe zu erreichenden Neubau, der 1700 geweiht wurde. Doch bereits fünf Jahre später brannte dieses hölzerne Bauwerk nach einem Blitzschlag aus, erhalten blieben u. a. die beiden Türme mit den Durchfahrten. 1716 begann nach Entwürfen von Hermann Korb der Bau eines neuen, nun ebenerdigen Gotteshauses auf rechteckigem Grundriss, dessen breite barocke Fassade mit mächtigen Pilastern und reichem Giebelschmuck den Holzmarkt bis heute abschließt. Nur die Außenmauern von St. Trinitatis wurden, zum Schutz vor einer weiteren Feuersbrunst und sicher auch aus Kostengründen, aus Stein erbaut.

Der beeindruckende Innenraum, seit 2009 wieder in der dezenten Farbigkeit von 1719, wird von zweigeschossigen Holzemporen geprägt, vor denen sich in oktogonaler Anordnung zehn korinthische Säulen erheben. Jede einzelne besteht aus vier zusammengesetzten und verschalten Tannenstämmen. An der Ostseite befindet sich der marmorierte, aus Holz gefertigte Kanzelaltar von 1754, über dem Hauptportal der 1722 geschnitzte Orgelprospekt.

Bevor man einen seitlichen Durchgang der Kirche passiert, lohnt ein Blick in die angrenzende Enge Straße und Kreuzstraße mit erhaltenen, früher von Handwerkern bewohnten »Buden«.

23 | Lessingtheater

Kartenreservierung Tel. 05331 86 501

Östlich des Kaisertores lag seit dem 16. Jahrhundert der Alte Gotteslagersche Kirchhof. Später als Bürgerfriedhof bezeichnet, fand 1905 die letzte Beisetzung statt. Unter den wenigen erhaltenen Grabmalen befinden sich u. a. die Grabstätten der Bankiersfamilie Seeliger und der Mühlenbesitzer Schünemann. An Eva Lessing, die 1778 auf dem Bürgerfriedhof bestattet wurde, erinnert seit 1929 ein Gedenkstein, der Standort ihres Grabes ist unbekannt.

Reste der ehemaligen Bastion »Corneliusberg« passierend, gelangt man am Ufer des Stadtgrabens zum Lessingtheater. Es wurde 1909 mit Lessings Stück »Nathan der Weise« eröffnet, anlässlich seines 200. Geburtstages erhielt es 1929 seinen Namen. 2007 aufgrund von Brandschutzmängeln geschlossen, wurde das Theater nach grundlegender Sanierung 2013 wiedereröffnet.

Das rechts neben dem Lessingtheater liegende Hotel-Restaurant »Altes Kaffeehaus«, nach einem Brand 1988 neu errichtet, geht auf das traditionsreiche »Türkische Kaffeehaus« zurück, das sich durch den Bau der Eisenbahnlinie bei Braunschweiger Bürgern großer Beliebtheit erfreute.

24 | Marienkirche

Di–Sa 10–12 / 14–16 Uhr

Das nächste Ziel des Stadtrundgangs ist die evangelische Hauptkirche der Stadt, Beatae Mariae Virginis oder kurz »BMV«, die man über die Fischerstraße und die von schönen Fachwerkhäusern gesäumte Große Kirchstraße erreicht. Ihren Namen trägt die Kirche zum Andenken an eine Marienkapelle, die 1301 erstmals erwähnt wurde. Ab 1608 entstand durch den Baumeister Paul Francke das heutige Gotteshaus im Auftrag des protestantischen Wolfenbütteler Herzogs Heinrich Julius. Als Hauptkirche des Herzogtums und repräsentative Hofkirche sollte die Marienkirche zugleich eine städtebauliche Dominante in »seiner« noch jungen Heinrichstadt darstellen. Unmittelbar bevor die kaiserlichen Truppen Wolfenbüttel während des Dreißigjährigen Krieges besetzten, wurde das Bauwerk 1626 vollendet.

Hauptportal

Als erster bedeutender protestantischer Kirchenbau vereint St. Marien, ohne auf Vorbilder zurückgreifen zu können, Stilelemente der Gotik, der Renaissance und des Barocks. Das 70 Meter lange Gebäude mit einem

eingestellten Westturm gleicht einer »Predigt der Steine«. Auf den kräftigen Strebepfeilern stehen am Chorpolygon Figuren der vier Evangelisten, am Längshaus die zwölf Apostel. Über den hohen Maßwerkfenstern der Längsseiten erheben sich reich verzierte Zwerchgiebel, die im Süden von weiblichen Heiligen, auf der zur Kornmarkt zeigenden Seite von Tugend-Figuren bekrönt sind. Auch die Quadersteine weisen Reliefschmuck wie Menschen- und Engelsköpfe oder fabelhafte Mischwesen auf.

Durch das 1618 geschaffene Hauptportal – mit Statuen von Moses und Aaron in den seitlichen Nischen, den herzoglichen Bauherren Heinrich Julius und Friedrich Ulrich über dem Gebälk sowie dem segnenden Christus wie ein Altarretabel anmutend – betritt man die dreischiffige Hallenkirche. Den Raumeindruck bestimmen achteckige Pfeiler mit Ornamentbändern und reich skulptierten farbigen Kapitellen sowie das Kreuzrippengewölbe. Neben dem Hauptaltar mit einer vollplastischen Kreuzigungsgruppe und der Kanzel mit Moses als Trägerfigur, beide aus dem frühen 17. Jahrhundert, gehört die Orgel zu den bedeutendsten Ausstattungsstücken der Kirche. 1620–1624 schuf sie der Dresdner Orgelbauer Gottfried Fritzsche unter Mitwirkung des Komponisten und Hofkapellmeisters Michael Praetorius. Unter dem Chor liegt die zweischiffige Gruft, die von 1613 bis 1767 als Grablege der Herzöge zu Braunschweig diente. In 29 reich verzierten Särgen ruhen hier die sterblichen Überreste von 30 Mitgliedern des Herrscherhauses, darunter Heinrich Julius, August und Anton Ulrich. Auch Praetorius und Paul Francke fanden in der Kirche ihre letzte Ruhestätte. Der ursprünglich ummauerte Kirchhof mit vereinzelt erhaltenen Grabsteinen und -platten war der älteste Begräbnisplatz der Stadt, auf dem vom 14. bis zum 18. Jahrhundert Bestattungen durchgeführt wurden.

25 | Kornmarkt

Gegenüber der Kirche steht am Kornmarkt 14 ein sehenswertes spätbarockes-klassizistisches Palais. Von hier aus sieht man auf der anderen Seite des weiträumigen Plat-

Michael Praetorius
1571/72–1621, Hofkapellmeister, Organist und Komponist. 1594 wurde Praetorius, ein Pfarrerssohn, Kammerorganist von Herzog Heinrich Julius. Zehn Jahre später zu seinem Hofkapellmeister ernannt, war er u. a. für die Ausgestaltung der Gottesdienste und die musikalische Untermalung bei Festen zuständig. In Wolfenbüttel entstand ein Großteil seines umfangreichen Werkes, darunter kirchliche Kompositionen wie Motetten und Messen sowie weltliche Tänze.
In seiner theoretischen Abhandlung »Syntagma Musicum« beschrieb er die musikalische Aufführungspraxis und Instrumente seiner Zeitgenossen. Weithin bekannt ist Praetorius' vierstimmiger Satz des Liedes »Es ist ein Ros entsprungen«.

Kanzel

Kornmarkt 14

Hieronymus Carl Friedrich von Münchhausen
1720–1797, Adliger. Aus einem weitverzweigten Adelsgeschlecht stammend, wurde Münchhausen in Bodenwerder an der Weser geboren. 1733 kam er an den Wolfenbütteler Hof. Als Page des Herzogs Anton Ulrich von Braunschweig-Wolfenbüttel (1714–1774) reiste Münchhausen mit diesem nach Russland, wo er an mehreren Kriegen teilnahm. 1750 kehrte Münchhausen auf sein heimatliches Gut zurück. Seine der Legende nach dort erzählten Erlebnisse veröffentlichte der Dichter Gottfried August Bürger, woraufhin Münchhausen weltweit als »Lügenbaron« bekannt wurde.

zes, an der Einmündung der Klosterstraße, das Kloster zur Ehre Gottes. Der Konvent wurde 1701 von Herzogin Elisabeth Juliane, Gemahlin von Anton Ulrich (1633–1714), als Alterssitz für unverheiratete Angehörige und Witwen von höfischen Beamten im nahegelegenen Schloss Salzdahlum begründet. Als das Kloster das Schloss aufgrund von Baufälligkeit verlassen musste, zog es 1791 in das barocke Palais im Wolfenbütteler Kornmarkt.

Wie die Nachbargebäude der Reichsstraße um 1600 als Hofbeamtenhaus errichtet, wurde dem Fachwerkbau 1727, vermutlich nach Plänen des Baumeisters Hermann Korb, ein repräsentativer Festsaal in der Klosterstraße angegliedert. Auftraggeber war Hieronymus von Münchhausen, der als Staatsminister in Wolfenbüttel wirkte – nicht zu verwechseln mit dem »Lügenbaron« **Hieronymus Carl Friedrich von Münchhausen**, der 1733 nach Wolfenbüttel kam und Page von Herzog Anton Ulrich wurde. Die Klostergemeinschaft »Zur Ehre Gottes«, während der Komplettsanierung des Fachwerkgebäudes in einem Ausweichquartier untergebracht, besteht bis heute.

Nach einem Blick auf die farbenfrohe Schauseite der Alten Apotheke am Durchgang zum Stadtmarkt begibt man sich in die Kommißstraße.

26 | Kommisse

Das langgestreckte Steingebäude mit Doppelzwerchhaus und Säulenportal ließ Herzog Julius 1588 als Mühle erbauen, in der sich auch eine herzogliche Verkaufsstelle für Lebensmittel befand. Im folgenden Jahrhundert wurde die Kommisse als städtisches Feierhaus mit Ausschank, Tanzsaal und Gästeunterkünften hergerichtet. Dies minderte bei großen Festen die Brandgefahr in der Stadt enorm, war doch die Kommisse aus Stein gebaut und beidseitig von Kanälen umflossen; die rückwärtige Gracht wurde im 18. Jahrhundert verfüllt. 1705–1879 beherbergte die Kommisse die im Zuge der Reformation gegründete Große Schule. An dem bis heute bestehenden humanistischen Gymnasium lehrten und lernten bedeutende Persönlichkeiten, darunter **Wilhelm Raabe**.

Neben der Kommisse befand sich das Gasthaus »Zur Spanischen Krone«. Es erhielt seinen Namen anlässlich der Hochzeit der Wolfenbütteler Prinzessin Elisabeth Christine mit Karl III. von Spanien, der 1711–1740 als Kaiser Karl VI. im Heiligen Römischen Reich deutscher Nation regierte. In der »Spanischen Krone« soll **Giacomo Casanova** logiert haben, als er 1764 einige Tage in der Herzog August Bibliothek studierte.

Wilhelm Raabe
1831–1910, Schriftsteller. Mit seiner verwitweten Mutter und seinen Geschwistern kam Raabe 1845 nach Wolfenbüttel, wo sein Onkel die Große Schule leitete. Auch Raabe besuchte die Große Schule, verließ sie aber vorzeitig. 1854 begann er mit dem »Federansetzungstag« für seinen erfolgreichsten Roman »Die Chronik der Sperlingsgasse« sein Leben als freier Schriftsteller. 1856–1862 lebte Raabe in der Okerstraße 16, 1862 heiratete er die Einheimische Bertha Leiste. Als sich Raabe 1902 zur Ruhe setzte, konnte er auf zahlreiche gesellschaftskritische Romane, Erzählungen und Novellen zurückblicken.

27 | Großer Zimmerhof

Nun folgt rechter Hand ein Abstecher in den Großen Zimmerhof. Der Straßenname verweist auf den Stapelplatz für Baumstämme aus dem Harz, die über die Oker verschifft wurden. In den Werkstätten der hier ansässigen Zimmerleute wurden die überwiegend für den Fachwerkbau benötigten Hölzer weiterverarbeitet.

Im Großen Zimmerhof 20 wohnte der Kapellmeister Michael Praetorius bis zu seinem Lebensende. Ein paar Häuser weiter, erkennbar an der Weintraube über der rundbogigen Einfahrt, befindet sich das Stammhaus der 1878 gegründeten Essigfabrik Mast, deren Kräuterlikör »Jägermeister« heute weltbekannt ist. 1878 gründete Wilhelm Mast in Wolfenbüttel eine Essigmanufaktur, die sein Sohn Curt sechzehnjährig übernahm und später um einen Weinhandel erweiterte. 1934 entwickelte Curt Mast die Rezeptur für einen Kräuterlikör aus 56 verschiedenen Pflanzenextrakten, der im Folgejahr als »Jägermeister« auf den Markt kam und heute weltweit bekannt ist. Selbst leidenschaftlicher Jäger, wählte Mast als Symbol des Likörs einen Hirsch mit strahlendem Kreuz im Geweih, das sich auf den Heiligen Hubertus, den Schutzpatron der Jäger, bezieht.

Im 18. Jahrhundert wohnten in dieser Straße mehrere unter dem Schutz des Herzogs stehende Juden, 1796–1807 lag im Großen Zimmerhof außerdem das Jüdische Waisenhaus.

Giacomo Casanova
1725–1798, Schriftsteller und Abenteurer. Der Venezianer ist bis heute durch seine zur Weltliteratur zählende »Geschichte meines Lebens« berühmt, in der er seine abenteuerlichen Reisen durch ganz Europa bis 1774 – mit unzähligen Liebschaften sowie Treffen mit Päpsten, Herrschern und bedeutenden Gelehrten – anschaulich schilderte. In Wolfenbüttel arbeitete Casanova an einer Homer-Übersetzung, in seinen Memoiren heißt es: »Ich verbrachte acht Tage in dieser Bibliothek, die ich nur verließ, um zum Essen und zum Schlafen in meinen Gasthof zu gehen. Ich kann diese acht Tage zu den glücklichsten meines Lebens zählen, denn ich war nicht einen Augenblick mit mir selbst beschäftigt.«

28 | Harzstraße

Am Harztorplatz befand sich einst das Harztor, neben dem Kaisertor im Osten der wichtigste Zugang zur Stadt. An die Zugbrücke des im 19. Jahrhundert abgerissenen Tores erinnert heute die Konstruktion der Straßenbeleuchtung auf der Oker-Brücke. Den Auftakt der Harzstraße, der südlichsten der repräsentativen Hauptachsen der Heinrichstadt, bilden sehenswerte Fachwerkgebäude wie rechter Hand die Häuser Nr. 1 und 3 oder Nr. 27 gegenüber. 1592 erbaut, verfügt das imposante Hofbeamtenhaus über zwei Ausluchten sowie ein barockes Rundbogenportal mit schönem Reliefschmuck.

Oben: Stammhaus der Firma »Jägermeister«
Links: Großer Zimmerhof 13

Harzstraße 27

Anton Ulrich
1633–1714, Herzog. Nach dem Tod seines Vaters wurde Anton Ulrich Statthalter und 1685 Mitregent seines Bruders Rudolf August, nach dessen Tod 1704 Alleinherrscher des Herzogtums Braunschweig-Lüneburg. Als aufgeklärt-absolutistischer Herrscher führte er ein prunkvolles Leben, förderte aber auch Bildung und Kunst. Anton Ulrich berief Leibniz als Bibliothekar nach Wolfenbüttel, gab die Rotunde in Auftrag und erweiterte die Bibliothek seines Vaters beträchtlich. Anton Ulrich verfasste als bedeutender Barockschriftsteller Schauspiele, Romane, Gedichte und Kirchenlieder.

Das Gebäude Harzstraße 12 besitzt eine interessante Geschichte: In einem Hinterhaus des Bauwerkes von 1670 richtete der strenggläubige Hofbankier Philipp Samson 1781 aus eigenen Geldmitteln die erste öffentliche Synagoge Wolfenbüttels ein. Zugleich übernahm er das Amt des Gemeindevorstehers. Bis zum Umzug in die Neue Synagoge in der Lessingstraße im Jahr 1893 war hier der Mittelpunkt des jüdischen Gemeindelebens. Das Hinterhaus wurde fortan wieder als Wohnhaus genutzt und überstand deswegen unzerstört die nationalsozialistische Herrschaft. Erst 1985 wurde der barocke Gebetsraum wieder entdeckt.

Fünf Jahre nach Gründung der Synagoge eröffnete Samson in dem Gebäude zudem 1786 die erste jüdische Schule der Stadt. Seit 1807 als Samsonsche Freischule bezeichnet, zog die Einrichtung 1896 in ein größeres Gebäude am Neuen Weg. Berühmte Absolventen der weit über die Grenzen der Stadt hinaus bekannten Schule, die 1928 geschlossen wurde, waren u. a. Leopold Zunz (1794–1886), der Begründer der Wissenschaft des Judentums, und Emil Berliner (1851–1929), der Erfinder von Grammophon und Schallplatte.

29 | Krumme Straße

Mahnmal für die jüdischen NS-Opfer am Harztorplatz

Die Krumme Straße war die südlichste Begrenzung der Heinrichstadt. Ihre Bebauung ist merklich kleiner und flacher als in den mit Hofbeamtenhäusern bestandenen Prachtstraßen. Das Haus Krumme Straße 32 in der Nähe der Harzstraße diente ebenfalls der jüdischen Schule. Der Ornamentschmuck am Giebel, eine schrägstehende Kanne, ist ein Symbol für den Stamm der Leviten.

Eine Keimzelle der nach der Reformation wieder auflebenden katholischen Gemeinde, geduldet von dem zum Katholizismus konvertierten Anton Ulrich, liegt in der Krummen Straße 54. Hier lebte der eigens nach Wolfenbüttel berufene Pfarrer, der für am Hof tätige Italiener oder auswärtige Studenten der Ritterakademie die Messe las. Als der Betsaal nicht mehr ausreichte, errichtete man bis 1891 die gegenüberliegende Petruskirche.

Zum Harztorplatz zurückgekehrt, erblickt man auf dem kleinen Platz an der Oker ein Mahnmal für die jüdischen Opfer der nationalsozialistischen Gewaltherrschaft: Über einem Davidstern erheben sich fünf mit Steinen gefüllte Stelen, die an Gleise des nahegelegenen Bahnhofes erinnern, von dem aus die jüdischen Wolfenbütteler deportiert worden sind.

Blick durch die Krumme Straße auf St. Petrus

Empfehlungen

Auguststadt

St. Johannis Gottesdienst So 9.30 Uhr, Führung nach Vereinbarung Tel. 05331 29 85 44

Nach dem Dreißigjährigen Krieg ließ Herzog August 1653–1658 den nach ihm benannten Stadtteil errichten. Am Zugang der barocken Handwerkervorstadt mit ihren einfachen Fachwerkhäusern liegt das langgestreckte Waisenhaus, das bis 1704 nach Plänen Hermann Korbs erbaut wurde. Die Johanniskirche, 1661–1663 durch Auguststädter Bürger errichtet, ist der dritte bedeutende protestantische Kirchenbau Wolfenbüttels. Auf dem kleinen Friedhof steht der zur Kirche gehörende freistehende Glockenturm von 1653.

Gedenkstätte in der JVA Wolfenbüttel

Dokumentationszentrum Di–So 10–17 Uhr,
Am Herzogtore 13, 38300 Wolfenbüttel,
Führung zu den historischen Orten nur mit Voranmeldung Tel. 05331 93 55 010

Im Strafgefängnis Wolfenbüttel, der zentralen Haftanstalt im ehemaligen Freistaat Braunschweig, wurden 1937–1945 mehr als 15 600 Männer inhaftiert und 526 Frauen und Männer hingerichtet. 1990 wurde im ehemaligen Hinrichtungsgebäude eine Gedenkstätte eingerichtet. 2019 erfolgten eine Erweiterung mit einem Neubau und eine grundlegende Umgestaltung. Im ohne Anmeldung zugänglichen Dokumentationszentrum finden viele Veranstaltungen statt. Dort befindet sich auch die Dauerausstellung »Recht. Verbrechen. Folgen. Das Strafgefängnis Wolfenbüttel im Nationalsozialismus«. Im Rahmen von Führungen können das ehemalige Hinrichtungsgebäude, ehemalige Gemeinschaftshaftzellen und eine ehemalige Arrestzelle besucht werden.

Oker

OkerPirat Marktstraße 4, 38300 Wolfenbüttel,
Stadtbad Okeraue Lange Straße 21, 38300 Wolfenbüttel, Tel. 05331 40 86 90

Von einer ganz anderen Seite, nämlich vom Wasser aus, kann man Wolfenbüttel erleben, wenn man eine Tour auf der Oker unternimmt. Vom Anleger am Juliuswehr in der Marktstraße gibt es geführte Touren, auf denen der Fährmann Unterhaltsames aus der Wolfenbütteler Geschichte berichtet, entweder zu den im Süden Wolfenbüttels gelegenen Okerauen oder, vorbei am Kulturbahnhof und dem Seeliger-Park, bis zum Wehr an der Jägerstraße. Wer selbst aktiv werden und die Okerumgebung entdecken möchte, der leiht sich im beliebten Stadtbad Okeraue ein Kanu aus. Am Stadtbad befindet sich auch eine schöne Erlebnisgolf-Anlage – ein moderner Mix aus Minigolf und dem klassischen Golf.

Till-Eulenspiegel-Museum Schöppenstedt

Nordstraße 4a, 38170 Schöppenstedt, Tel. 05332 6158,
Di–Fr 14–17 Uhr, Sa / So 11–17 Uhr

Um 1515 erschien ein Buch, das von dem Schalk Till Eulenspiegel berichtet, der um 1300 in Kneitlingen am Elm (heute Schöppenstedt im Landkreis Wolfenbüttel) geboren worden sein soll. Bereits im 16. Jahrhundert waren seine Streiche weit über die Region hinaus bekannt und das Buch in viele Sprachen übersetzt. Das Museum widmet dem Narren eine informative, interaktive Dauerausstellung und ist zugleich Besucherzentrum der Gemeinde, in der es u. a. eine stadtweite Freilichtausstellung, einen thematischen Spielplatz und verschiedene Wanderrouten zu Eulenspiegel gibt.

Wolfenbüttel an einem Tag. Ein Stadtrundgang
Herausgegeben von Mark Lehmstedt

Text: Michael Schulze
Lektorat: Kristina Schulze / Lehmstedt Verlag
Karte: OpenStreetMap-Mitwirkende, geodressing.de
Fotos: Günter Müller, außer: Nürnberg Luftbild (U2), Herzog August Bibliothek (S. U3, 13, 15), Michael Schulze (S. 3, 12, 14, 20 u., 21 u., 23 o., 25, 31 o., 34 o., 36, 40, 43, 45 o., 46 o., 48), Carsten Steger/CC BY-SA 4.0 (S. 8), Jutta Brüdern (S. 9), Marek Kruszewski (S. 29 u.), Steffen Spitzner/Stiftung niedersächsische Gedenkstätten (S. 46 u.)
Gestaltung: Mareike Bardenhagen / Lehmstedt Verlag
Druck: druckhaus köthen GmbH & Co. KG, Köthen (Anhalt)

Umschlag:
1: Residenzschloss
2: »Klein Venedig«
3: Luftansicht
4: Augusteerhalle der Herzog August Bibliothek
5: Stadtwappen am Stadtmarkt 7
S. 48 Relief im Gebäude Stadtmarkt 7

1. Auflage, 2024
ISBN 978-3-95797-175-3